AVIADORES DE TUSKEGEE

Matt Doeden

ediciones Lerner ◆ Mineápolis

Consultora de contenidos: Daniel L. Haulman, Daniel L. Haulman, Doctor, Jefe, Equipo de Historias Organizativas, Agencia de Investigación Histórica de las Fuerzas Aéreas

ediciones Lerner
Una división de Lerner Publishing Group, Inc.
241 First Avenue North
Mineápolis, MN 55401, EE. UU.

Si desea averiguar acerca de niveles de lectura y para obtener más información, favor consultar este título en www.lernerbooks.com.

Fuente del texto del cuerpo principal: Aptifer Slab LT Pro Regular 11/18.
Fuente proporcionada por Linotype AG.

Library of Congress Cataloging-in-Publication Data

Names: Doeden, Matt, author.
Title: Aviadores de Tuskegee / Matt Doeden.
Other titles: Tuskegee Airmen. Spanish
Description: Minneápolis : ediciones Lerner, 2023. | Series: Alternator books en español | Includes index. | Audience: Ages 8–12 | Audience: Grades 4–6 | Summary: "The Tuskegee Airmen were the first African American combat pilots in US military history. Ride along with these brave pilots on the dangerous military missions that changed the course of history. Now in Spanish!"— Provided by publisher.
Identifiers: LCCN 2022017642 | ISBN 9781728477305 (library binding) | ISBN 9781728478098 (paperback) | ISBN 9781728479972 (ebook)
Subjects: LCSH: United States. Army Air Forces. Fighter Group, 332nd—History—Juvenile literature. | United States. Army Air Forces. Bombardment Group, 477th—History—Juvenile literature. | World War, 1939–1945—Participation, African American—Juvenile literature. | World War, 1939–1945—Aerial operations, American—Juvenile literature. | African American air pilots—Juvenile literature. | Tuskegee Army Air Field (Ala.)—Juvenile literature.
Classification: LCC D810.B53 D6418 2023 | DDC 940.54/4973—dc23/eng/20220429

LC record available at https://lccn.loc.gov/2022017642

Fabricado en los Estados Unidos de América
1-52366-50723-5/9/2022

CONTENIDO

INTRODUCCIÓN
MISIÓN A BERLÍN

El teniente Roscoe Brown se sentó a los mandos de su avión cazaP-51 Mustang mientras despegaba de Italia el 24 de marzo de 1945. La Segunda Guerra Mundial (1939-1945) hizo estragos en Europa. Los países aliados, entre ellos Estados Unidos, Gran Bretaña y otros, se acercaban a Alemania y a las potencias del Eje. La unidad de pilotos afroamericanos de Brown formaba parte de los aviadores de Tuskegee (Tuskegee Airmen), los primeros pilotos de combate negros de la historia del ejército estadounidense.

Brown sabía que esta sería una de sus mayores misiones de la guerra. Los bombarderos B-17 estadounidenses se dirigían a Berlín, Alemania, el corazón del territorio enemigo, para destruir una fábrica de tanques alemana. La unidad de Brown tenía que proteger los bombarderos a toda costa.

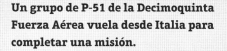

Un grupo de P-51 de la Decimoquinta Fuerza Aérea vuela desde Italia para completar una misión.

Cuatro P-51 Mustangs vuelan en formación sobre Italia en 1945.

Mientras los bombarderos se acercaban a Berlín, Brown vio varias rayas en el cielo. Un grupo de cazas alemanes Me-262 se acercaba rápidamente. Los Me-262 eran más nuevos y mucho más rápidos que los P-51.

Brown actuó rápidamente. Ordenó a su unidad que soltara sus pesados tanques de combustible extra y luchara. El duelo entre aviones estaba en marcha. Brown se interpuso entre los Me-262 atacantes y los bombarderos estadounidenses. Uno de los aviones alemanes fue directamente hacia él.

"Me acerqué a él . . . disparó tres largas ráfagas", escribió más tarde Brown. Fue un éxito.

"Casi inmediatamente, el piloto saltó en paracaídas desde unos 24,500 pies (7,468 m). Vi estallar las llamas de los [propulsores] del avión enemigo".

El Me-262 cayó. Alrededor de Brown, sus compañeros pilotos luchaban contra los aviones alemanes. Otros dos pilotos de los aviadores de Tuskegee derribaron aviones enemigos. El ataque alemán había fracasado y la misión estadounidense continuaba. Solo unos años antes, muchos habían dudado de la capacidad de los pilotos negros para volar en combate. Los que vieron a Brown y a sus compañeros de los aviadores de Tuskegee en acción ya no tenían ninguna duda.

Brown saluda a una clase en la Air Command and Staff College, una escuela de la fuerza aérea en Montgomery, Alabama, en 2015.

CAPÍTULO 1
EL EXPERIMENTO TUSKEGEE

El racismo estaba muy extendido en Estados Unidos cuando estalló la Segunda Guerra Mundial en Europa en 1939. Muchos blancos veían a los negros como menos que humanos. Las leyes de muchos estados segregaban, o separaban, a los negros de los blancos. No podían utilizar los mismos baños, asistir a las mismas escuelas ni comer

Una clase de pilotos blancos pasa por delante de los aviones que están aprendiendo a pilotar en San Diego en 1939.

en los mismos restaurantes. El ejército también estaba segregado. Ningún piloto negro había volado para el ejército estadounidense. Muchos líderes militares creían que los pilotos negros carecían de la inteligencia necesaria para ser pilotos de combate.

El senador de Wyoming Henry H. Schwartz no estaba de acuerdo. En 1939, Schwartz luchó por una ley que permitiera la formación de pilotos negros. La ley fue aprobada, pero los militares no hicieron ningún cambio. Schwartz visitó al general Henry H. Arnold, jefe del Cuerpo Aéreo del Ejército. Schwartz exigió a Arnold que cumpliera la nueva ley. En enero de 1941, el Departamento de Guerra anunció que iba a formar una nueva unidad. Todos los pilotos de la unidad serían negros.

El senador Henry H. Schwartz, 1939

CAPACITACIÓN

El 99.º Escuadrón de Persecución se formó oficialmente en marzo de 1941. La primera clase de formación del programa incluía a solo trece cadetes. Estudiaron temas como navegación y meteorología. Practicaban el vuelo en aviones de entrenamiento como el AT-6. El entrenamiento era difícil. Solo cinco de los trece cadetes originales lo completaron para ganar sus alas, o convertirse oficialmente en pilotos.

Los cinco primeros pilotos afroamericanos caminan con su instructor de vuelo, el teniente L. M. Long (*centro*).

Benjamin O. Davis Jr.

El capitán Benjamin O. Davis Jr. era uno de ellos. Había experimentado el racismo mientras estudiaba en la West Point Academy del ejército unos años antes. Comprendió que la gente vigilaría más de cerca a los pilotos negros. Davis se convirtió más tarde en el líder del 99.°. Les dijo a sus pilotos que no permitiría ningún tipo de piruetas. Quería que se centraran en el trabajo en equipo y en completar sus misiones.

Coronel Noel Parrish

UNA NUEVA VOZ

En 1942 muchos cadetes se habían frustrado. Se les trataba
mal en comparación con los cadetes blancos. Entonces el
Coronel Noel Parrish tomó el mando. Parrish trató a los
cadetes con respeto. Derribó los carteles de la base que
separaban a los pilotos blancos de los negros en áreas
diferentes. Trajo a celebridades negras como la cantante
Ella Fitzgerald para mejorar la motivación.

Muchos dicen que Parrish salvó el programa Tuskegee.
Los hombres prosperaron bajo su mando. Aunque era blanco
y nunca entró en combate con sus hombres, muchos lo
consideran un miembro clave de los aviadores de Tuskegee.

Europa y sus alrededores durante la Segunda Guerra Mundial

OCÉANO ATLÁNTICO NORTE

REINO UNIDO

IRLANDA

DINAMARCA

PAÍSES BAJOS

HOLANDA

NORUEGA

SUECIA

FINLANDIA

ESTONIA

LETONIA

LITUANIA

PRUSIA ORIENTAL

Berlín

ALEMANIA

POLONIA

UNIÓN SOVIÉTICA

BÉLGICA

FRANCIA

CHECOSLOVAQUIA

AUSTRIA

HUNGRÍA

SUIZA

RUMANÍA

ITALIA

YUGOSLAVIA

BULGARIA

Mar Adriático

PORTUGAL

ESPAÑA

N

SICILIA

ALBANIA

GRECIA

TÚNEZ

ÁFRICA DEL NORTE

Millas
0   100   200   300

0   200   400
Kilómetros

Frontera internacional
Ubicación de las misiones de los aviadores
Europa
Terreno no europeo

CAPÍTULO 2
ESPECIALISTAS EN ESCOLTA

Una vez que las primeras oleadas de aviadores de Tuskegee
se graduaron y obtuvieron sus alas como pilotos de caza
estadounidenses, el ejército tuvo que decidir qué hacer
con ellos. Muchos en el ejército se resistían a la idea de
desplegar a los pilotos negros. Todos los pilotos son oficiales
o líderes de alto rango en el ejército. Así que los pilotos

**El 99.° Escuadrón de Caza fue la
primera unidad de Aviadores de
Tuskegee. Posteriormente fue
uno de los cuatro escuadrones
de cazas Tuskegee.**

Los miembros del 332.º Grupo de Cazas llevan el equipo de vuelo mientras están destinados en Italia en 1945.

negros tendrían un rango superior al de muchos soldados blancos. El general Arnold lo describió como "un problema social imposible".

Sin embargo, el ejército necesitaba todos los hombres de combate que pudiera conseguir. En abril de 1943, el 99.º Escuadrón de Caza, compuesto exclusivamente por personas negras, fue al Norte de África. Más tarde fueron asignados al 332.º Grupo de Cazas en Italia. Comenzaron a volar en misiones sobre Italia y Alemania. Pronto se hicieron conocidos por una especialidad: Las misiones de escolta.

PRIMERA HISTÓRICA

El teniente Charles B. Hall se sentó a los mandos de su P-40 Warhawk el 2 de julio de 1943. Hall y el 99.º Escuadrón de Cazas surcaban los cielos de Sicilia, una isla frente a la costa de Italia. Su misión era escoltar a los bombarderos B-25 en una misión de bombardeo. Los bombarderos eran grandes, lentos y fáciles de atacar.

Hall se sienta en la cabina de su P-40 Warhawk.

Un Fw-190 vuela sobre Alemania. El avión alemán fue considerado uno de los mejores aviones de combate de la Segunda Guerra Mundial.

De repente, Hall vio dos manchas oscuras que se agrandaban bajo el sol. Dos aviones caza alemanes Fw-190 se abalanzaron a 400 millas (644 km) por hora. Los cazas alemanes se dirigieron directamente hacia los bombarderos.

Los pilotos de Tuskegee vuelan en formación en 1943.

Hall se movió para interceptarlos. Cuando uno de los Fw-190 giró a la izquierda, Hall tuvo su oportunidad. Abrió fuego con los cañones de calibre 50 del P-40. Los proyectiles destrozaron el avión enemigo. Estalló en una bola de fuego.

"Era . . . la primera vez que veía al enemigo lo suficientemente cerca como para dispararle", dijo Hall. "Lo seguí hasta abajo y lo vi chocar. Levantó una gran nube de polvo".

El derribo del avión por parte de Hall supuso una primicia histórica. Era la primera vez que un avión enemigo era derribado por un piloto negro estadounidense. Los aviadores de Tuskegee habían llegado.

CTIM DESTACADO

El P-51 Mustang estadounidense fue uno de los aviones más importantes de la Segunda Guerra Mundial. Este avión monoplaza podía funcionar como caza o como bombardero ligero. El tipo más común era el P-51D. Tenía un motor V12 sobrealimentado. Podía alcanzar velocidades de 437 millas (703 km) por hora y una altitud de 41,900 pies (12,771 m).

CAPÍTULO 3

AL ATAQUE

Durante sus misiones, los pilotos del Tuskegee también bombardearon campos de aviación enemigos y ametrallaron objetivos terrestres. Estos ataques se encontraban entre las misiones más peligrosas de los pilotos de Tuskegee.

Charles McGee en 2011

AVIONES Y TRENES

El 24 de agosto de 1944, Charles McGee estaba en una misión de escolta sobre Checoslovaquia, un país que se separó en 1993 en dos países: la República Checa y Eslovaquia. McGee divisó un Fw-190 alemán. Se acercó y disparó. El disparo de McGee rozó el avión, pero no lo derribó. La persecución había comenzado. El Fw-190 herido se escabulló, esquivó y se desvió cerca del suelo. McGee lo mantuvo dentro de su objetivo.

HÉROE DESTACADO

El teniente Luther Smith (*derecha*) voló en 132 misiones con éxito junto a los aviadores de Tuskegee. Pero su 133.ª misión fue diferente. Durante la misión del 13 de octubre de 1944, Smith descendió en picada para disparar a unos vagones de tren. Uno de ellos explotó, enviando llamas y escombros al cielo.

Smith no pudo evitar la explosión. Consiguió saltar, pero los soldados enemigos lo capturaron rápidamente. Smith pasó siete meses en un campo de prisioneros de guerra (Prisoner Of War, POW) alemán antes de ser rescatado en 1945.

El piloto alemán sabía que estaba en problemas. Intentó un último giro brusco. Pero su avión no pudo soportarlo. El Fw-190 se estrelló contra el suelo.

McGee no se detuvo allí. Volando bajo, vio un tren enemigo. McGee abrió fuego y voló los vagones del tren antes de volver a subir para reunirse con su unidad.

DUELO DE AVIONES

Los aviones llenaron el cielo el 12 de octubre de 1944. Los miembros del 332.º Grupo de Cazas atacaban objetivos terrestres en Hungría. El teniente Lee Archer y su escuadrón se dirigían a un objetivo cuando los aviones alemanes atacaron.

Archer actuó rápidamente cuando se desató un enorme duelo de aviones. Voló un avión, salió de un giro brusco y se sumergió para seguir a un grupo de Me-109. Una vez que

Un Me-109 en el Museo Nacional de la Fuerza Aérea de los Estados Unidos en Dayton, Ohio.

tuvo una visión clara, Archer abrió fuego. El ala de uno de los Me-109 estalló e hizo que el avión entrara en barrena.

Archer apuntó a otro Me-109. Hizo estallar la cola del avión. Las llamas envolvieron al Me-109. Su piloto se retiró inmediatamente.

El duelo duró quince minutos. Los pilotos del 332.º derribaron nueve aviones, incluidos los tres de Archer. Fue una de las misiones más exitosas y memorables de los aviadores de Tuskegee.

CTIM DESTACADO

Todos los pilotos de la Segunda Guerra Mundial temían estrellarse en el mar. Los pilotos estadounidenses solían tener un equipo que los ayudara a sobrevivir a esos accidentes.

Algunos aviones incluían balsas salvavidas de emergencia. Las balsas podían acoplarse a un paquete de paracaídas. Una vez en el agua, los pilotos utilizaban botes de aire para inflar las balsas. Las balsas también llevaban marcadores de mar. Estas marcas dejaban manchas de color en la superficie del agua. Los aviones de rescate podían verlas desde lejos.

CAPÍTULO 4
LAS VÍCTIMAS DE LA GUERRA

Servir como piloto de caza en la Segunda Guerra Mundial era peligroso. Los aviadores de Tuskegee se enfrentaron al fuego enemigo y a fallos mecánicos. Sesenta y seis pilotos murieron durante el entrenamiento y la guerra. Otros treinta y dos fueron capturados y retenidos como prisioneros.

Aviadores de Tuskegee asisten a una reunión en 1945.

DERRIBADO

El 12 de agosto de 1944, Alexander Jefferson formaba parte de una misión para ametrallar objetivos terrestres enemigos. Observó cómo dos de sus compañeros de escuadrón se lanzaban en picada y alcanzaban sus objetivos. Jefferson guio su avión hacia su objetivo, una torre de control aéreo.

De repente, un proyectil antiaéreo atravesó el suelo del avión de Jefferson. Jefferson trató de elevarse y salir del peligro. Pero tuvo que saltar en el último momento. Sus compañeros de escuadrón creyeron que estaba muerto.

Alexander Jefferson, 2012

Stalag Luft III fue un campo de prisioneros de guerra dirigido por la fuerza aérea alemana hasta abril de 1945. El campo albergaba a los pilotos aliados capturados.

Jefferson estaba vivo, pero las tropas enemigas lo habían capturado. Se convirtió en prisionero de guerra. Jefferson permaneció en una prisión de POW hasta abril de 1945. Las condiciones eran duras, pero Jefferson sobrevivió y volvió a casa.

REGRESO A CASA

Los soldados, marineros y aviadores estadounidenses volvieron a casa como héroes. Sin embargo, los aviadores de Tuskegee volvieron a casa a una nación que todavía estaba profundamente dividida por líneas raciales. Sin embargo, la valentía de los soldados afroamericanos, incluidos los aviadores de Tuskegee, ayudó a cambiar esta situación. Tres años después de la guerra, el presidente Harry Truman firmó la Orden Ejecutiva 9981. La orden decía que todos los militares recibirían el mismo trato y las mismas oportunidades. Las personas de diferentes razas ya no serían separadas en grupos o escuadrones basados en la raza. Fue un paso entre muchos otros en la batalla por la igualdad entre los estadounidenses de todas las razas, y los aviadores de Tuskegee desempeñaron un papel importante para hacerla realidad.

HÉROE DESTACADO

El 26 de junio de 1944, el teniente Maurice Esters voló con éxito en una misión de escolta. Pero su motor comenzó a chisporrotear sobre el Mar Adriático, al noreste de Italia. Esters sabía que su avión estaba condenado, así que saltó con su balsa de emergencia.

Sus compañeros de escuadrón pensaron que estaría bien hasta que llegara la ayuda. Pero para su horror, una enorme ola arrasó su balsa. Desapareció bajo la superficie. Esters recibió un Corazón Púrpura por su servicio.

LÍNEA DE TIEMPO

1939 septiembre 1 Comienza la Segunda Guerra Mundial.

1941 marzo 22 Se activa el 99.º Escuadrón de Persecución, que sería la primera unidad de vuelo negra de la historia.

1941 diciembre 7 Los pilotos japoneses bombardean Pearl Harbor, Hawái. Estados Unidos entra en la Segunda Guerra Mundial.

1943 abril 2 El 99.º Escuadrón de Cazas parte hacia el norte de África para convertirse en los primeros pilotos de combate negros del ejército estadounidense.

1943 julio 2 Charles B. Hall derriba un Fw-190 alemán, convirtiéndose en el primer piloto negro estadounidense en matar a un enemigo en combate.

1944 junio 26 El teniente Maurice Esters se pierde en el mar después de que su avión se estrelle en el Mar Adriático tras una exitosa misión de escolta.

1944 agosto 23 Charles McGee derriba un Fw-190 alemán en los cielos de Checoslovaquia.

1944 octubre 12 Los pilotos del 332.º Grupo de Cazas derriban nueve aviones en un combate aéreo sobre los cielos de Alemania.

1945 marzo 24   Roscoe Brown derriba un Me-262 alemán durante una misión de escolta sobre Berlín, Alemania.

1945 mayo 7   Alemania se rinde formalmente, poniendo fin a la parte europea de la Segunda Guerra Mundial.

1945 agosto 14   Poco después de los bombardeos atómicos de Hiroshima y Nagasaki, Japón anuncia su rendición. La Segunda Guerra Mundial termina.

Notas de la fuente

6 Robert F. Dorr, "Tuskegee Airmen vs. Me-262s," *Defense Media Network*, 2013 febrero 25, http://www.defensemedianetwork .com/stories/tuskegee-airmen-vs-me-262s/.

6 Ibid.

15 Lynn M. Homan y Thomas Reilly, *Black Knights: The Story of the Tuskegee Airmen* (Gretna, LA: Pelican, 2001), 71.

18 Charles E. Francis, *The Tuskegee Airmen: The Men Who Changed a Nation* (Wellesley, MA: Branden Books, 2002), 67.

Glosario

ametrallar: atacar un objetivo terrestre desde un avión que vuela bajo

cadetes: estudiantes militares

desplegar: poner a los soldados en situaciones de combate

duelo de aviones: batalla aérea entre dos o más aviones caza

escoltar: viajar con alguien o algo y protegerlo

hacer piruetas: el acto de realizar acrobacias aéreas para lucirse

interceptar: interponerse entre un atacante y su objetivo

meteorología: estudio del tiempo

misiones: tareas militares

motivación: los sentimientos y la buena voluntad de las tropas

navegación: determinación de la propia ubicación y seguimiento de una ruta

Más información

BBC: World War II
https://www.bbc.co.uk/bitesize/topics/zk94jxs

Ducksters: African Americans in World War II
http://www.ducksters.com/history/world_war_ii/african
_americans_in_ww2.php

Lusted, Marcia Amidon. *Eyewitness to the Tuskegee Airmen*.
Mankato, Minnesota: Child's World, 2016.

National Geographic Kids: Ten Facts about World War II
https://www.natgeokids.com/uk/discover/history/general-history
/world-war-two/?msclkid=c376efa2b5eb11ecbc363c6975fb38b6

Otfinoski, Steven. *World War II*. Nueva York: Scholastic, 2017.

Owens, Lisa L. *Mujeres pilotos de la Segunda Guerra Mundial*.
Mineápolis: ediciones Lerner, 2023.

Shea, John M. *The Tuskegee Airmen*. Nueva York: Gareth Stevens,
2015.

Tuskegee Airmen
http://tuskegeeairmen.org/

The Tuskegee Airmen National Historical Museum
http://www.tuskegeemuseum.org

Índice

Créditos por las fotografías